IK Musterprüfungen
Fach: Immobilienwirtschaft

Vorwort

Zur richtigen Prüfungsvorbereitung gehört auch, dass man mindestens einmal eine „echte" Abschlussprüfung absolviert. Wer dies nicht tut, steht in der tatsächlichen Prüfung unweigerlich mit schlechten Karten da.

Ziel und Anspruch dieser Musterprüfungen ist es daher, den Prüflingen ein authentisches Prüfungserlebnis zu günstigen Bedingungen anzubieten. Dass zusätzlich die Musterlösungen mitenthalten sind, macht den großen Vorteil zu den erwerblichen originalen IHK Prüfungen aus.

Zwar werden in den IK Musterprüfungen aufgrund des Urheberrechts keine originalen IHK Aufgaben verwendet, dennoch werden die relevanten immobilienrechtlichen Fakten abgefragt, die einen in der Prüfung erwarten könnten. So wird eine zeitlose Prüfungsnähe gewährleistet.

In diesem Sinne wünsche ich gutes Gelingen und viel Erfolg!

Bielefeld, im April 2022

Lukas Juntorius

Inhalt

2. Auflage, April 2022

Herstellung und Verlag

BoD – Books on Demand, Norderstedt

Printed in Germany.

Copyright © 2022:
Lukas Juntorius
Immobilienkaufmann (IHK)
Ostwestfalen zu Bielefeld

ISBN 978-3-75-435689-0

Die Deutsche Nationalbibliothek verzeichnet diese Publikation in der Deutschen Nationalbibliografie; detaillierte bibliografische Daten sind im Internet über http://dnb.dnb.de abrufbar.

Sommerprüfung
für Immobilienkaufmann & Immobilienkauffrau

8 ungebundene Aufgaben

180 Minuten Prüfungszeit

100 erreichbare Punkte

Bewertungsbogen

Aufgabe	Erreichbare Punkte	Erreichte Punkte
1. Aufgabe	7 Punkte	Punkte
2. Aufgabe	7 Punkte	Punkte
3. Aufgabe	12 Punkte	Punkte
4. Aufgabe	18 Punkte	Punkte
5. Aufgabe	13 Punkte	Punkte
6. Aufgabe	16 Punkte	Punkte
7. Aufgabe	15 Punkte	Punkte
8. Aufgabe	12 Punkte	Punkte
Summe	100 Punkte	_____ **Punkte**

Note 1: 100-92 Punkte   Note 2: unter 92-81 Punkte   Note 3: unter 81-67 Punkte
Note 4: unter 67-50 Punkte   Note 5: unter 50-30 Punkte   Note 6: unter 30-0 Punkte

Bearbeitungshinweise

1. Eine **stichwortartige Beantwortung** der Aufgaben ist zulässig, sofern nicht ausdrücklich etwas anderes in der Arbeitsanweisung gefordert wird.

2. Ein nicht programmierbarer **Taschenrechner** ist als Hilfsmittel zugelassen.

3. Bei Rechenaufgaben ist zwingend der **Rechenweg** mitanzugeben, da sonst Punkte verloren gehen.

4. Halten Sie sich an die **Anweisung in der Aufgabe**. Wenn dort bspw. 5 Angaben gemacht werden sollen, dann werden auch nur die ersten 5 Angaben gewertet, keine zusätzlichen.

Start

Sie sind Mitarbeiter der *Bielefelder Heimstätten GmbH*.

Kurzes Unternehmensprofil

Firma **Standort**	Bielefelder Heimstätten GmbH Rohrteichstraße 13, 33602 Bielefeld
Geschäftszweck	Marktdienliche Versorgung der Bevölkerung mit Wohn- und Produktivflächen
Eckdaten	1.713 Wohnungen 201 Gewerbeobjekte 567 Garagen & Stellplätze

Der Ausbildungsbetrieb

1. Aufgabe – (7 Punkte, ca. 10 Minuten Bearbeitungszeit)

Situation

Ihre Abteilung wird von einem neuen wissbegierigen Auszubildenden besucht.

1.1 (2 Punkte)

Erklären Sie dem Azubi die Grundzüge der „dualen Berufsausbildung".

_____

_____

_____

_____

_____

1.2 (4 Punkte)

Für den Inhalt und Ablauf einer Ausbildung sind bestimmte Regelwerke entscheidend. Erläutern Sie daher die folgenden 2 Begrifflichkeiten und geben Sie an auf welcher Verwaltungsebene diese ihre Wirkung entfalten.

 Ausbildungsverordnung:

_____

_____

_____

_____

 Rahmenlehrplan:

_____

_____

_____

_____

1.3 (1 Punkt)

Gemäß dem Berufsbildungsgesetz ist ein Auszubildender dazu verpflichtet, wöchentlich ein Berichtsheft zu führen. Geben Sie an wozu diese Pflicht dient.

_____

_____

Marktorientierung

2. Aufgabe – (7 Punkte, ca. 10 Minuten Bearbeitungszeit)

Situation

Ihr Ausbilder möchte, dass Sie im Rahmen Ihrer kaufmännischen Ausbildung auch die Grundlagen der *Wirtschaft (Wortherkunft: „Der Wirt" ➤ Gastgeber, Bewirtung, Gäste bedienen)* verstehen. Er bittet Sie daher darum, einen Vortrag vorzubereiten, der unter anderem die folgenden Fragen beantwortet.

2.1 (3 Punkte)

Beschreiben Sie was man unter „Märkten" im wirtschaftlichen Sinne versteht. Greifen Sie in Ihrer Beschreibung die folgenden Aspekte mit auf: 1. Tausch, 2. Wettbewerb, 3. Preise.

_____

_____

_____

_____

_____

_____

2.2 (2 Punkte)

Erläutern Sie die Signalfunktion von Preisen hinsichtlich der Knappheit eines Gutes.

_____

_____

_____

_____

2.3 (2 Punkte)

Menschen tauschen auf Märkten freiwillig Dinge miteinander. Hierdurch findet eine Koordination der Güterverteilung statt. Nennen Sie eine Alternative zur marktmäßigen Güterverteilung. Geben Sie außerdem an, welchem Mittel man sich zur Durchsetzung der Verteilungsalternative dabei bedient.

_____

_____

_____

3. Aufgabe – (12 Punkte, ca. 25 Minuten Bearbeitungszeit)

Situation

Sie sind für die Organisation der diesjährigen Eigentümerversammlung der Eigentümergemeinschaft „Beethovenstraße 2, 33602 Bielefeld" zuständig. Ihnen liegt die folgende Eigentümerliste vor:

Wohnung	Eigentümer	Wohnfläche, m²	MEAs
1	Hans Herrmann	65	183 /1000
2	Karl Popper	60	/1000
3	Anna Arendt	70	197 /1000
4	Cameron Fisher	55	/1000
5	Klaus & Anneliese Schmidt	105	296 /1000

3.1 (1 Punkt)

Die Versammlung soll zum 27.06 des Jahres stattfinden. Nennen Sie das Datum zu dem das Einladungsschreiben die Eigentümer spätestens erreichen muss, damit die gesetzliche Einladungsfrist gewahrt bleibt. Geben Sie außerdem die Formvorschrift für das Schreiben an.

_____

_____

3.2 (2 Punkte)

Berechnen Sie unter Angabe des Rechenweges die Miteigentumsanteile für die Wohnungen Nr.2 und Nr.4.

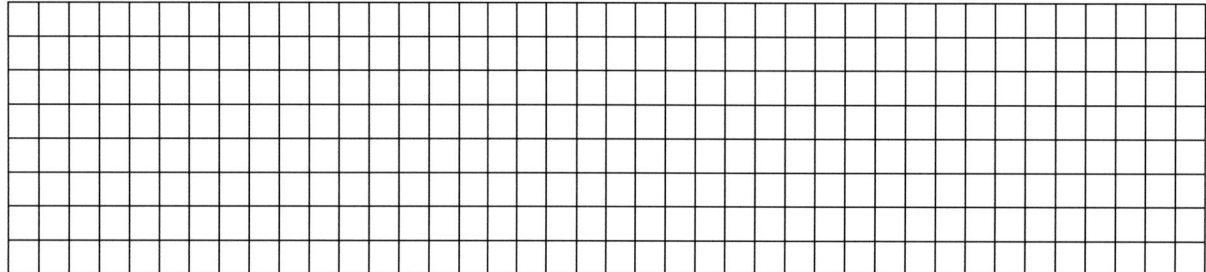

3.3 (2 Punkte)

In der Gemeinschaftsordnung, welche vor der WEG-Reform 2020 erstellt wurde, finden Sie bezüglich der Beschlussfähigkeit der Eigentümerversammlung den unten stehenden Passus. Geben Sie an unter welchen Voraussetzungen die Eigentümerversammlung beschlussfähig ist. Begründen Sie Ihre Entscheidung!

> **Gemeinschaftsordnung der Eigentümergemeinschaft „Beethovenstraße 2, 33602 Bielefeld"**
> [...]
> § 11 Beschlussfähigkeit
> Gemäß § 25 Abs.3 WEG ist die Versammlung beschlußfähig, wenn die erschienenen stimmberechtigten Wohnungseigentümer mehr als die Hälfte der Miteigentumsanteile, berechnet nach der im Grundbuch eingetragenen Größe dieser Anteile, vertreten sind.
> [...]

_____

_____

_____

_____

3.4 (1 Punkt)

Gemäß der Gemeinschaftsordnung ist für die Beschlussfassung bei der Eigentümerversammlung das sog. „Wertprinzip" vereinbart worden. Erläutern Sie dieses Stimmprinzip!

_____

_____

_____

_____

3.5 (4 Punkte)

Auf der Eigentümerversammlung werden zu den nachfolgenden TOPs Beschlüsse gefasst. Nennen Sie jeweils die erforderliche Mehrheit für den Beschluss sowie, ob der Beschluss wirksam zustande gekommen ist und, ob er angenommen oder abgelehnt wurde. Ihre Entscheidung ist zu begründen. Gehen Sie davon aus, dass alle Eigentümer anwesend sind.

TOP	Beschluss	Mehrheit	Wirksam zustande gekommen? Angenommen oder abgelehnt? Begründen Sie!
3	Es soll eine Elektroladesäule für Herrn Karl Popper auf dem ihm zustehenden Stellplatz errichtet werden. Die Kosten betragen gemäß beigefügtem Angebot 1.790€ und werden durch Herrn Popper alleinig getragen. Nur Herr Popper und Herr Schmidt stimmen zu. Alle anderen Eigentümer, auch Frau Schmidt, lehnen ab.		
4	Der Eingangsbereich der Eigentumsanlage soll gemäß beigefügtem Angebot für 8.250€ überdacht werden. Alle Eigentümer kommen anteilig für die Kosten auf. Alle Eigentümer außer dem Ehepaar Schmidt stimmen zu.		

3.6 (2 Punkte)

Der Eigentümer Cameron Fisher ist der Meinung, dass ein Beschluss in der Tagesordnung zu unbestimmt formuliert wurde. Er möchte diesen Beschluss daher anfechten. Geben Sie an, bei welchem Gericht und unter Einhaltung welcher Frist Herr Fisher die Anfechtung erklären kann.

Immobilienbewirtschaftung

4. Aufgabe – (18 Punkte, ca. 40 Minuten Bearbeitungszeit)

Situation

Sie sind in der Objektbetreuung tätig. Am Montag, dem 14. Juni des Jahres, erhalten Sie gar 3 Anrufe von Mietern derselben Liegenschaft „August-Bebel-Straße 162, 33602 Bielefeld", in denen Ihnen geschildert wird, dass es durch den Mieter im 1. OG rechts, Herrn Hubertus Magnus von Nepomuck, vom letzten Samstag auf den Sonntag zu nächtlichen Ruhestörungen gekommen sei. Herr von Nepomuck, so die anderen Mitmieter, habe von 22 Uhr bis 6 Uhr morgens eine laute Studentenparty veranstaltet, die zu erheblichen Störungen der Nachtruhe anderer Bewohner geführt habe. Auch nachdem die Polizei um 1 Uhr morgens da war, sei die laute Feier fortgesetzt worden.

4.1 (8 Punkte)

Sie haben sich dazu entschieden, Ihren Mieter schriftlich abzumahnen. Verfassen Sie auf der folgenden Seite ein rechtswirksames Abmahnschreiben, welches die Mindestinhalte enthält und auf die oben beschriebenen Angaben Bezug nimmt.

Nächste Seite →

Bielefelder Heimstätten GmbH

Bielefelder Heimstätten GmbH – Rohrteichstraße 13 – 33602 Bielefeld

Herr Hubertus Magnus von Nepomuck
August-Bebel-Straße 162
33602 Bielefeld

Bielefelder Heimstätten GmbH
Rohrteichstraße 13
33602 Bielefeld
Tel.: 0521 – 12340
Fax: 0521 – 12341
bielefeld@heimstätten-gmbh.de
www.bielefeld-heimstätten-gmbh.de

Bielefeld, der 14. Juni des Jahres

Abmahnung aufgrund von Ruhestörung
Ihr Mietverhältnis: August-Bebel-Straße 162, 1. OG rechts, Mietvertragsnummer 4001-305-05

Sehr geehrter Herr von Nepomuck,

_____

_____

_____

_____

_____

_____

_____

_____

_____

_____

_____

_____

_____

_____

_____

_____

_____

_____

_____

_____

_____

Mit freundlichen Grüßen

Bielefelder Heimstätten GmbH

Bielefelder Heimstätten Gmbh, Registergericht Bielefeld HRB 254377, Geschäftsführer: Dr. jur. Jochen Käschner
Bankverbindung: Sparkasse Bielefeld, IBAN DE89 3704 0044 0532 0130 00, BIC SPBIDE3BXXX
USt-ID-Nr.: 333444555

4.2 (10 Punkte)

Nachdem Sie die Abmahnung an Ihren Mieter versandt haben, erhalten Sie die folgende Rückmeldung:

Von: xxnepomuck69xx@gmail.com
Betreff: Rückmeldung zur Abmahnung, Mietvertragsnummer 4001-305-05
An: bielefeld@heimstätten-gmbh.de
Datum: 15.06 des Jahres, 00:25:57

Sehr geehrte Damen und Herren,

ich habe soeben Ihre als „Abmahnung" deklarierte Drohschrift erhalten. Bevor Sie meinen, jemand anderen zurechtzuweisen, sollten Sie mal lieber bei sich selbst klar Schiff machen. Ich sage Ihnen auch warum:

1. Zunächst einmal enthält mein Mietvertrag eine fehlerhafte Klausel zur Übernahme von Kleinreparaturen. Diese bezieht sich nämlich auch auf Badewannen und Waschbecken. Es ist doch aber wohl offensichtlich, dass diese Einrichtungsgegenstände viel zu teuer sind, als dass der Mieter für derartige Reparaturen aufkommen kann.

2. Im Weiteren ist die Betriebskostenvereinbarung ungültig, da Sie zu unspezifisch ist: „Zusätzlich zur Miete trägt der Mieter die Betriebskosten gem. § 2 Betriebskostenverordnung." Sie sind nämlich dazu verpflichtet, die Betriebskostenarten alle einzeln aufzuführen.

3. Auch ist mir die vergangene Betriebskostenabrechnung zu spät zugegangen, nämlich erst nach 7 Monaten nach dem Abrechnungszeitraum! Auf diese Weise hatte ich gar keine Zeit, die Abrechnung zu prüfen und ggf. Einwendungen geltend zu machen.

4. Außerdem ist mir negativ aufgefallen, dass Sie mal wieder einen Posten zur Dachrinnenreinigung abgerechnet haben. Das ist so aber gar nicht erlaubt.

5. Im Übrigen ist diese ganze Betriebskostenabrechnung sowieso Betrug und ungültig, da die von mir tatsächlich gemessene Wohnfläche um 5,7% von der im Mietvertrag angegebenen Wohnfläche kleiner ist. So passt der Kostenverteilungsschlüssel ja überhaupt gar nicht.

Ich fordere Sie daher auf, entsprechende Korrekturen vorzunehmen und erwarte umgehend Ihre Stellungnahme.

Hochachtungsvoll
Hubertus Magnus von Nepomuck

Nehmen Sie im Folgenden zu den von Ihrem Mieter vorgebrachten Anschuldigungen rechtlich Stellung.

4.2.1 (2 Punkte)

Bewerten Sie, ob die Klausel zur Übernahme von Kleinreparaturen aus dem vorgebrachten Grund unzulässig ist. Begründen Sie Ihre Antwort.

_____

_____

_____

_____

4.2.2 (2 Punkte)

Bewerten Sie, ob die Betriebskostenumlagevereinbarung zu unspezifisch ist, da nicht alle Betriebskostenarten einzeln aufgeführt wurden. Begründen Sie Ihre Antwort.

_____

_____

_____

_____

4.2.3 (2 Punkte)

Gehen Sie auf die zur Betriebskostenabrechnung genannten Fristen ein und führen Sie die tatsächliche Rechtslage auf.

_____

_____

_____

_____

4.2.4 (2 Punkte)

Bewerten Sie, ob die Abrechnung von Dachrinnenreinigungen im Rahmen der Betriebskosten zulässig ist. Begründen Sie Ihre Antwort.

_____

_____

_____

_____

4.2.5 (2 Punkte)

Bewerten Sie, ob die Abweichung der Wohnfläche, welche von Herrn Nepomuck selbst ermittelt wurde, eine Auswirkung auf die Betriebskostenabrechnung hat. Begründen Sie Ihre Antwort.

_____

_____

_____

_____

Immobilienbewirtschaftung

5. Aufgabe – (13 Punkte, ca. 25 Minuten Bearbeitungszeit)

Situation

Sie sind in der gewerblichen Mietverwaltung tätig. Zur Betreuung wurde Ihnen das Geschäftshaus „Viktoriastraße 15, 33602 Bielefeld" übergeben. Dieses weist zur Zeit folgenden Vermietungsstatus auf:
EG – Ladenfläche –Leerstehend seit 01.01 des Jahres
OG1 – Bürofläche – vermietet an die Zahnarztpraxis von Dr. Johann Locke, seit 01.05 des vergangenen Jahres
OG2 – Bürofläche – vermietet an Wirtschaftskanzlei Ernst & August, seit 01.02 des v. Jahres

5.1 (4 Punkte)

Sie wollen die leerstehende Ladenfläche im Erdgeschoss schnellstmöglich wieder vermieten und haben bereits eine Immobilienanzeige geschaltet, auf welche sich mehrere Interessenten beworben haben. Mit dem Einzelhändler Helmut Körschgen haben Sie eine Besichtigung vereinbart, in welcher der Interessent einige Fragen an Sie richtet.

5.1.1 (2 Punkte)

Erklären Sie den Begriff „Umsatzmiete" und geben Sie einen Aspekt an, der bei der Vereinbarung einer solchen Miete vom Vermieter beachtet werden sollte.

_____

_____

_____

_____

5.1.2 (1 Punkt)

Herr Körschgen möchte einen Zeitmietvertrag auf 4 Jahre abschließen. Nennen Sie die Rechtsfolge, die sich ergibt, wenn Sie diesen Mietvertrag nicht in Schriftform abschließen würden.

_____

_____

5.1.3 (1 Punkt)

Zudem möchte der Interessent sich die Möglichkeit offen halten, den Mietvertrag vor Ablauf auf Wunsch zu verlängern. Geben Sie an wie dies vereinbart werden kann.

_____

_____

5.2 (4 Punkte)

Sie sind nun dabei einen Gewerbemietvertrag vorzubereiten. Ihr Kollege hat Ihnen dazu einen älteren Muster-
vertrag als Grundlage gegeben. Bewerten Sie den folgenden Vertragsauszug auf seine gewerbemietrechtliche
Korrektheit und führen Sie die 4 enthaltenen Vertragsfehler auf. Begründen Sie Ihre Antworten.

[...]

§ 6 Instandhaltungspflicht

Der Gewerbemieter trägt sämtliche Erhaltungsmaßnahmen, sofern diese aus einem Instandhaltungs- oder
Instandsetzungsaufwand im Inneren der in § 1 beschriebenen Mieträumlichkeiten resultieren. Eine Be-
schränkung des Erhaltungsaufwands auf lediglich durch den Mietgebrauch verursachten Aufwand wird
nicht vereinbart.

§ 7 Schönheitsreparaturen

Zu Beginn des Mietverhältnisses schuldet der Gewerbemieter eine vollumfängliche Anfangsrenovierung der
inneren Mieträumlichkeiten gemäß der in Anlage 2b dieses Vertrages gemachten Angaben. Im laufenden
Mietverhältnis hat der Mieter in einem regelmäßigen zeitlichen Abstand die Schönheitsreparaturen durchzuführen. Es wird ein flexibler Intervallzeitraum von 4 Jahren empfohlen. Zum Ende des Mietverhältnisses
ist in jedem Fall eine Endrenovierung durch den Mieter durchzuführen, deren Umfang durch vorherige ein-
seitige Anweisung des Vermieters festgesetzt wird.

[...]

5.3 (3 Punkte)

Die Wirtschafskanzlei Ernst & August hat Ihnen das Mietverhältnis mit gesetzlicher Frist gekündigt. Das Kündigungsschreiben ist Ihnen am 04.07 des Jahres zugegangen. Darin steht geschrieben, dass der Mieter zum
nächstmöglichen Zeitpunkt fristgemäß kündigt. Geben Sie das Datum an, zu dem die Kündigung wirksam wird
sowie die gesetzliche Kündigungsfrist für Gewerbemietverhältnisse und die geltende Zeiteinheit (bzw. Zeitper-
iode), nach denen die Kündigungstermine berechnet werden.

(Hinweis: Das Kündigungsdatum wie folgt angeben: d. J. = des Jahres oder n. J. = nächsten Jahres)

5.4 (2 Punkte)

Mit Herrn Dr. med. Locke wurde ein Mietvertrag mit einer Grundmiete von 900€, zuzüglich 400€ für Betriebskosten vereinbart. Sie haben nun am 05.07 des Jahres ein Schreiben von Ihrem Mieter erhalten, dass er gerne
eine Miete mit ausgewiesener Umsatzsteuer zum 01.01 des nächsten Jahres zahlen möchte. Überprüfen Sie
ob in diesem Fall eine Optierung zur Umsatzsteuer möglich ist und begründen Sie Ihre Antwort!

Erwerb, Veräußerung und Vermittlung von Immobilien

6. Aufgabe – (16 Punkte, ca. 25 Minuten Bearbeitungszeit)

Situation

Sie haben einen Maklerauftrag für das bebaute Grundstück „Gustav-Adolf-Straße 19, 33602 Bielefeld" erhalten. Verkäufer ist die Erbengemeinschaft, bestehend aus Herrn Markus Schulze-Delitzsch und Frau Sabine Schulze (je 1/2 Anteil). Die beiden Geschwister haben vor kurzem das Grundstück von Ihrem verstorbenen Vater Herrn Hermann Schulze geerbt.

Sie befinden sich nun in der Objektaufbereitung und haben dazu unter anderem einen aktuellen Grundbuchauszug angefordert.

Amtsgericht Bielefeld, Grundbuch vom Bezirk 43   Band 19   Blatt 1234   Abteilung III

Laufende Nummer der Eintragungen	Laufende Nr. der betroffenen Grundstücke im Bestandsverzeichnis	Betrag	Grundpfandrechte
1	2	3	4
1	1	130.000DM	Grundschuld von hundertdreißigtausend Deutsche Mark nebst 10% Jahreszinsen für die Deutsche Bank. Unter Bezugnahme auf die Bewilligung vom 03.06.1969. Eingetragen am 29.06.1969.

Amtsgericht Bielefeld, Grundbuch vom Bezirk 43   Band 19   Blatt 1234   Abteilung II

Laufende Nummer der Eintragungen	Laufende Nr. der betroffenen Grundstücke im Bestandsverzeichnis	Lasten und Beschränkungen
1	2	3
1	1	Beschränkt persönliche Dienstbarkeit (Wohnrecht) für Frau Margarete Schulze, geboren am 16.05.1893. Bewilligt am 03.06.1969. Eingetragen am 29.06.1969.
2	1	Grunddienstbarkeit (Wegerecht) für den jeweiligen Eigentümer des Grundstücks Flur 567, Flurstück 238 (Bezirk 43, Blatt 1235 Lfd. Nr. 1) gemäß Bewilligung vom 30.09.1973, eingetragen am 14.10.1973.
3	1	Vorkaufsrecht für Ludwig Edler von Freimann, geboren am 01.02.1955, bewilligt am 11.12.2016, eingetragen am 08.01.2017.

6.1 (3 Punkte)

Herr Hermann Schulze steht immer noch als Eigentümer in Abteilung I des Grundbuchs. Sie weisen die beiden Geschwister Schulze daher an, die Grundbucheintragung zu berichtigen. Erläutern Sie den Ablauf, wie die Erbengemeinschaft als Eigentümerin in das Grundbuch eingetragen wird in 3 Schritten.

_____

_____

_____

_____

6.2 (2 Punkte)

Geben Sie an um welche Eigentumsform im Sinne des BGB es sich bei einer Erbengemeinschaft handelt. Beschreiben Sie die Handlungsfähigkeit der Erben im Hinblick auf die Verfügung über das Grundstück.

_____

_____

_____

_____

6.3 (1 Punkt)

Im Bestandsverzeichnis des Grundstücks steht ein sog. „Herrschvermerk" über ein Wegerecht. Geben Sie an, was ein solcher Vermerk zu bedeuten hat.

_____

_____

_____

_____

6.4 (2 Punkte)

Erläutern Sie die ersten beiden Eintragungen in Abteilung II des Grundbuchs.

_____

_____

_____

_____

_____

6.5 (1 Punkt)

Geben Sie an ob es sich bei dem Vorkaufsrecht in Abteilung II um ein sog. „subjektiv-dingliches" oder „subjektiv-persönliches" Vorkaufsrecht handelt und begründen Sie Ihre Antwort.

_____

_____

6.6 (2 Punkte)

In Abteilung III ist eine Grundschuld mit einem jährlichen Zinssatz von 10% eingetragen. Erklären Sie die Wirkung dieses Zinses und gehen Sie dabei auch auf die Verjährung der Zinsen ein.

_____

_____

_____

_____

_____

6.7 (4 Punkte)

Ermitteln Sie abteilungsübergreifend die relevante Rangfolge der eingetragenen Rechte im Grundbuch.

_____

_____

_____

_____

6.8 (1 Punkt)

Neben dem Grundbuchauszug haben Sie auch einen Auszug aus dem Baulastenverzeichnis eingeholt. Der Auszug enthält die folgende Eintragung. Übertragen Sie zeichnerisch das umschriebene Flächenfenster der Baulast in den Katasterauszug. Ein skizzenartiges Vorgehen ist ausreichend.

–BAULASTENVERZEICHNIS–
Gemarkung: Bielefeld
Flur: 567
Flurstück: 237
Inhalt der Eintragung
Der jeweilige Grundstückseigentümer ist verpflichtet, die folgend umschriebene Abstandsfläche gemäß § 6 BauO NRW, eingetragen am 25.06.1989, von jeglicher Bebauung frei zu halten. Die Fläche erstreckt sich mit dem Beginn des östlichen grenzständigen Baus des Nachbarflurstücks 238 bis zum südöstlichen Grenzstein und verläuft von dort bis zum südwestlichen Grenzstein. Die Tiefe entlang der Grenzlinie beträgt 3 Meter.

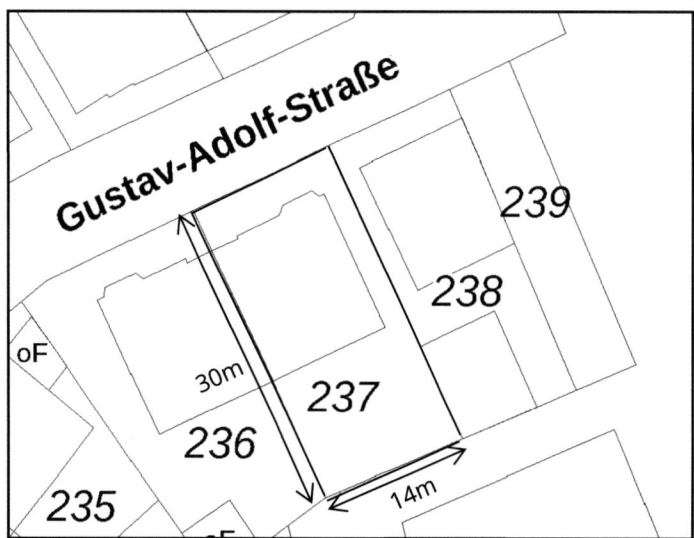

Erwerb, Veräußerung und Vermittlung von Immobilien

7. Aufgabe – (15 Punkte, ca. 25 Minuten Bearbeitungszeit)

Situation

Nachdem Sie die Objektaufbereitung zufriedenstellend abgeschlossen haben, sind Sie nun zur Vermarktung des Objekts „Gustav-Adolf-Straße 19" übergegangen.

7.1 (6 Punkte)

Sie haben ein ansehnliches Exposé erstellt und wollen dieses nun durch die Verkaufspartei vor dem offiziellen Vermarktungsstart freigeben lassen. Diesbezüglich haben Sie einen Kundentermin vereinbart. Während der Exposé-Besprechung richtet Frau Schulze ein paar Fragen an Sie.

7.1.1 (2 Punkte)

Erklären Sie die rein rechtlichen Funktionen eines Exposés hinsichtlich der Schließung eines Maklervertrages und der Maklertätigkeit.

_____

_____

_____

_____

7.1.2 (1 Punkt)

Bei dem Verkaufsobjekt handelt es sich um eine Doppelhaushälfte. Nennen Sie die verbraucherrechtliche Besonderheit, auf die Sie beim Abschluss eines Maklervertrages achten müssen.

_____

_____

7.1.3 (2 Punkte)

Gemäß dem Verkäufermaklervertrag ist jeweils eine Provision von 3,57% inklusive gesetzlicher Mehrwertsteuer vom Verkäufer und Käufer zu zahlen. Frau Schulze schlägt nun aber vor, die Verkäuferprovision etwas zu erhöhen und dafür die Käuferprovision zu verringern, damit das Immobilienangebot für Kaufinteressenten attraktiver wird. Bewerten Sie dieses Vorhaben rechtlich und führen Sie eine Alternativmöglichkeit auf.

_____

_____

_____

_____

7.1.4 (1 Punkt)

Am Ende des Exposés steht ein Haftungsausschluss: „Sämtliche Angaben beruhen auf den Angaben und Unterlagen des Verkäufers. Daher können wir als Maklerunternehmen keine Haftung dafür übernehmen." Geben Sie an, für welche Falschangaben der Makler dennoch in die Haftung genommen werden kann.

_____

_____

_____

7.2 (6 Punkte)

Nachdem die Immobilienanzeige veröffentlich wurde, hat es nicht lange gedauert und Sie haben schon die ersten Besichtigungstermine durchgeführt. Dabei hat sich die Familie Menger sehr für die Immobilie interessiert.

7.2.1 (2 Punkte)

Herr Menger möchte von Ihnen wissen, welche Kosten insgesamt für die Anschaffung der Immobilie auf Ihn zukommen würden. Berechnen Sie unter Angabe des Rechenweges die Anschaffungskosten.

Kaufpreis:	314.900€
Notar & Grundbuch:	1,5%
Netto-Maklercourtage:	3%
Grunderwerbsteuer:	6,5%

7.2.2 (2 Punkte)

Familie Menger äußert Ihnen gegenüber ihr Unbehagen, dass der Staat mit der Grunderwerbsteuer bei diesem Erwerbsgeschäft ihnen sehr tief in die Tasche greift. Sie wollen daher wissen, ob es eine legale Möglichkeit gibt, um die Steuerlast zu reduzieren. Geben Sie der Familie eine Auskunft.

_____

_____

_____

_____

7.2.3 (2 Punkte)

Nennen Sie das Dokument, welches das Finanzamt nach der Zahlung der Grunderwerbsteuer ausstellt. Geben Sie auch an, ob die Grunderwerbsteuer vor oder nach der Eigentumsumschreibung im Grundbuch gezahlt werden muss und mit welcher Absicht der Zahlungszeitpunkt so gewählt wurde.

_____

_____

7.3 (3 Punkte)

Familie Menger wurde der Zuschlag erteilt. Im Rahmen Ihrer Maklerdienstleistung bieten Sie an, für diese den Kaufvertragsentwurf beim jeweils gewählten Notariat in Auftrag zu geben. Damit die Notariatsfachangestellten den Entwurf möglichst zügig erstellen können, bemühen Sie sich immer, die dafür notwendigen Unterlagen vollständig an das Notariat weiterzuleiten. Führen Sie 3 Unterlagen auf, die von der Verkaufs- und Kaufpartei für die Erstellung des Kaufvertragsentwurfs über das Grundstück „Gustav-Adolf-Straße 19" benötigt werden.

_____

_____

_____

_____

_____

_____

Begleitung von Bauvorhaben

8. Aufgabe – (12 Punkte, ca. 20 Minuten Bearbeitungszeit)

Situation

Sie beraten die Familie Menger bei der Finanzierung der Immobilie.

8.1 (3 Punkte)

Führen Sie jeweils 3 Unterlagen auf, die von der finanzierenden Bank für die Immobilie sowie vom Antragsteller angefordert werden, damit die Bank ein Kreditangebot formulieren kann.

_____

_____

_____

_____

8.2 (4 Punkte)

Die Volksbank Bielefeld-Gütersloh stellt an Kreditnehmer die Anforderung, dass diesen mindestens 1.900€ zur Deckung der allgemeinen Lebenshaltungskosten monatlich nach Abzug aller Ausgaben zur Verfügung stehen müssen. Stellen Sie eine Lastenberechnung auf und ermitteln Sie rechnerisch unter Angabe des Rechenweges, ob Familie Menger diesem Kriterium gerecht werden kann.

Anschaffungskosten der Immobilie:	334.710€
Eingesetztes Eigenkapital:	34.710€
Annuitätendarlehen:	Summe = 300.000€, Zins = 1,05%, Tilgung = 1,50% p.a.
Wohnfläche der Immobilie:	112m²
Monatliche Heizkosten je m² Wohnfläche:	1,50€
Monatliche Betriebskosten je m² Wohnfläche:	3,35€
Monatliches Nettoeinkommen – Herr Menger:	2.500€
Monatliches Nettoeinkommen – Frau Menger:	450€
Gesamtanspruch auf Baukindergeld:	24.000€, Jährliche Auszahlung über 10 Jahre

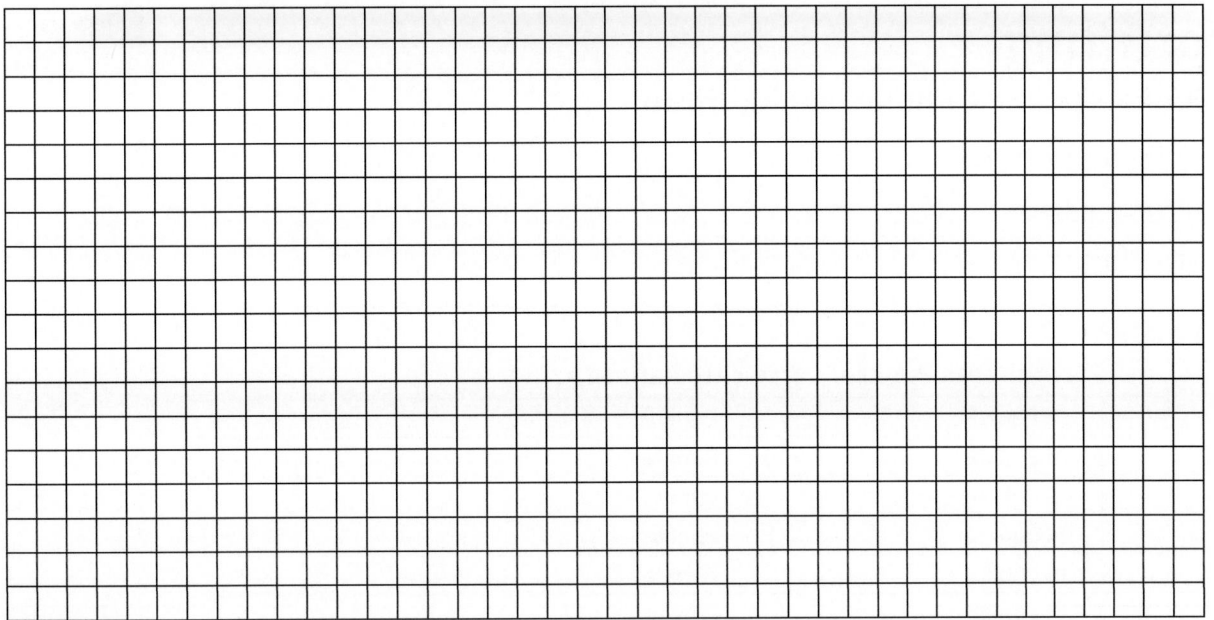

8.3 (5 Punkte)

Familie Menger hat sich für das folgende Annuitätendarlehen entschieden. Stellen Sie gemäß vorliegender Angaben einen Tilgungsplan für das erste Jahr auf.

Kreditsumme:	300.000€
Zinssatz:	1,00% p.a.
Tilgung:	2,00% p.a.
Zahlung und Verrechnung:	Quartalsweise

Zu Beginn des 3. Quartals erfolgt eine Sondertilgung in Höhe von 1.250€.

Quartal	Kapital (€)	Zinsen (€)	Tilgung (€)	Annuität (€)	Restkapital (€)

– ENDE DER PRÜFUNG –

Wie hat Ihnen die Prüfung zur Vorbereitung gefallen?
Hinterlassen Sie gerne eine Bewertung.

Die **Lösungen** finden sich auf den Seiten: 30-37

www.ikonline.de

Winterprüfung
für Immobilienkaufmann & Immobilienkauffrau

8 ungebundene Aufgaben

180 Minuten Prüfungszeit

100 erreichbare Punkte

Bewertungsbogen

Aufgabe	Erreichbare Punkte	Erreichte Punkte
1. Aufgabe	5 Punkte	Punkte
2. Aufgabe	5 Punkte	Punkte
3. Aufgabe	9 Punkte	Punkte
4. Aufgabe	24 Punkte	Punkte
5. Aufgabe	16 Punkte	Punkte
6. Aufgabe	10 Punkte	Punkte
7. Aufgabe	12 Punkte	Punkte
8. Aufgabe	19 Punkte	Punkte
Summe	100 Punkte	_____ **Punkte**

Note 1: 100-92 Punkte   Note 2: unter 92-81 Punkte   Note 3: unter 81-67 Punkte
Note 4: unter 67-50 Punkte   Note 5: unter 50-30 Punkte   Note 6: unter 30-0 Punkte

Bearbeitungshinweise

1. Eine **stichwortartige Beantwortung** der Aufgaben ist zulässig, sofern nicht ausdrücklich etwas anderes in der Arbeitsanweisung gefordert wird.

2. Ein nicht programmierbarer **Taschenrechner** ist als Hilfsmittel zugelassen.

3. Bei Rechenaufgaben ist zwingend der **Rechenweg** mitanzugeben, da sonst Punkte verloren gehen.

4. Halten Sie sich an die **Anweisung in der Aufgabe**. Wenn dort bspw. 5 Angaben gemacht werden sollen, dann werden auch nur die ersten 5 Angaben gewertet, keine zusätzlichen.

Start

Sie sind Mitarbeiter der *Bielefelder Heimstätten GmbH*.

Kurzes Unternehmensprofil

Firma **Standort**	Bielefelder Heimstätten GmbH Rohrteichstraße 13, 33602 Bielefeld
Geschäftszweck	Marktdienliche Versorgung der Bevölkerung mit Wohn- und Produktivflächen

Eckdaten	1.713 Wohnungen
	   201 Gewerbeobjekte
	   567 Garagen & Stellplätze

Der Ausbildungsbetrieb

1. Aufgabe – (5 Punkte, ca. 10 Minuten Bearbeitungszeit)

Situation

Die Bielefelder Heimstätten GmbH wird von den diesjährigen neuen Azubis besucht. Für diesen Anlass soll das Unternehmen den Neuankömmlingen vorgestellt werden. Insbesondere ein Einblick in die Geschäftsfelder, in denen die Bielefelder Heimstätten GmbH tätig ist, soll den Azubis verschafft werden:
> Objektbetreuung / Mietverwaltung
> WEG-Verwaltung
> Maklergeschäfte
> Bauplanung und Bautätigkeit

Zudem wünscht der Unternehmensinhaber, dass die Azubis mit den Zielsetzungen und Absichten der Bielefelder Heimstätten GmbH als zukünftige Mitarbeiter vertraut gemacht werden.

1.1 (2 Punkte)

Suchen Sie sich 2 der bezeichneten Geschäftsfelder aus und geben Sie für diese jeweils 2 typische Arbeitstätigkeiten an.

_____

_____

_____

_____

1.2 (2 Punkte)

Die Bielefelder Heimstätten GmbH zählt sich zum Mittelstand und setzt auf eine langfristige Bindung von guten Mitarbeitern. Obwohl dem Unternehmen weitere Expansionsmöglichkeiten offen stehen würden, wird über eine Anzahl von 150 Mitarbeitern niemand mehr eingestellt. Geben Sie 2 Argumente, die für diese Unternehmensstrategie sprechen könnten.

_____

_____

_____

_____

1.3 (1 Punkt)

Die Absicht der Bielefelder Heimstätten GmbH ist es, die Wünsche der Kunden am Wohnungs- und Immobilienmarkt bestmöglich zu bedienen. Bewerten und begründen Sie, ob das Unternehmen voraussichtlich noch lange am Markt bestehen bleiben würde, wenn es lediglich auf hohe Profite abzielte.

_____

_____

_____

_____

Marktorientierung

2. Aufgabe – (5 Punkte, ca. 10 Minuten Bearbeitungszeit)

Situation

Die Geschäftsführung der Bielefelder Heimstätten GmbH plant, ein Wohnungsquartier mit einigen 1-Zimmer-Apartments zur Vermietung anzubieten. Sie sind daher damit beauftragt worden, mehr Informationen über die potenzielle Zielgruppe „Senioren" zu sammeln und auszuwerten.

2.1 (2 Punkte)

Im Rahmen der Marktforschung stehen Sie vor der Entscheidung, entweder eine Marktanalyse oder eine Marktbeobachtung durchzuführen. Erläutern Sie die beiden Begrifflichkeiten.

_____

_____

_____

_____

2.2 (1 Punkt)

Sie greifen bei Ihrer Marktforschung auf Quellen und Studien zurück, die bereits von anderen erhoben wurden. Nennen Sie den dazu passenden Begriff für die Forschungsart.

_____

_____

2.3 (2 Punkte)

Ihnen liegt die folgende statistische Auswertung einer Marktstudie vor. Leiten Sie aus den Umfrageergebnissen 2 Schlussfolgerungen über die geäußerten Präferenzen der Zielgruppe ab, indem Sie jeweils 2 Kriterien miteinander vergleichen.

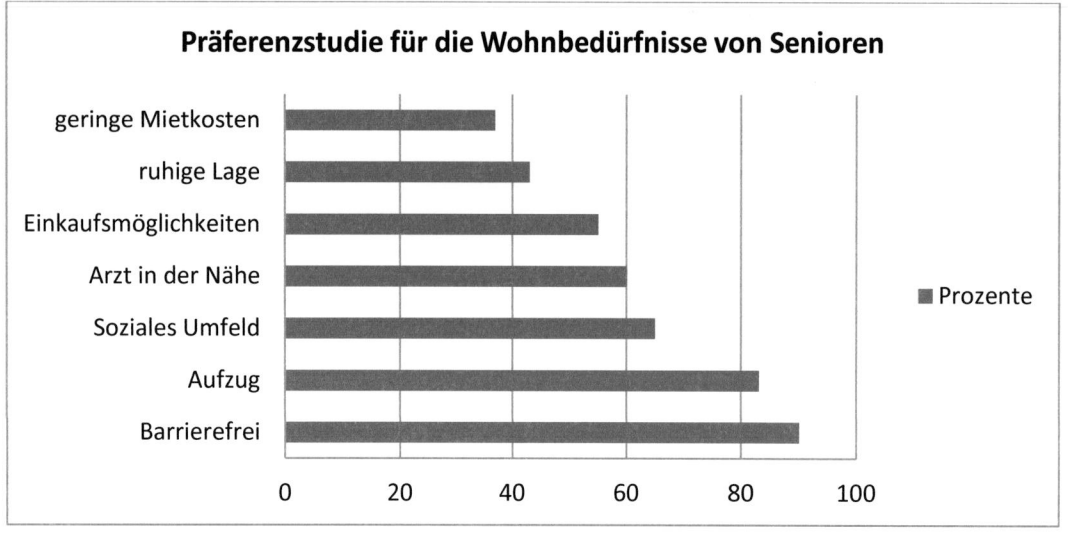

_____

_____

_____

_____

_____

_____

Immobilienbewirtschaftung

3. Aufgabe – (9 Punkte, ca. 20 Minuten Bearbeitungszeit)

Situation

Sie sind in der Objektbetreuung tätig und haben kürzlich eine Altbauwohnung an Herrn Meier neuvermietet, die nun zum 01.10 des Jahres von Ihrem Mieter bezogen werden soll.

3.1 (2 Punkte)

Die Wohnungsübergabe wird protokolliert. Erklären Sie die rechtliche Bedeutung des Übergabeprotokolls.

_____

_____

_____

_____

3.2 (3 Punkte)

Die Wohnung enthält noch die Bodenbeläge des Vormieters, welche nun von Herrn Meier übernommen werden sollen. Hierzu steht eine „Übernahmeerklärung" im Protokoll. Erläutern Sie die Bedeutung der Erklärung für den Nachmieter anhand von 3 Aspekten.

_____

_____

_____

_____

_____

_____

3.3 (1 Punkt)

Im Mietvertrag von Herrn Meier wurde die maximal zulässige Kautionshöhe vereinbart. Die monatliche Warmmiete beträgt 730€ inklusive 100€ Betriebskosten und 45€ Heizkosten. Berechnen Sie die Kautionshöhe.

3.4 (1 Punkt)

Geben Sie an, mit welchem Vielfachen der Monatsmiete der Mieter in Verzug mit der Kautionszahlung kommen muss, damit er fristlos gekündigt werden kann.

_____

_____

3.5 (2 Punkte)

Herr Meier erzählt Ihnen, dass er Anfang nächsten Jahres für 2 Monate auf Geschäftsreise sein wird. Er möchte daher seine gesamte Wohnung für diesen Zeitraum an seinen Bruder und dessen Freundin vorübergehend untervermieten. Erteilen Sie ihm eine rechtlich korrekte Auskunft zu seinem Vorhaben.

_____

_____

_____

_____

_____

_____

Immobilienbewirtschaftung

4. Aufgabe – (24 Punkte, ca. 45 Minuten Bearbeitungszeit)

Situation

Seit Kurzem legt Ihre Mieterin, Frau Carla Schreiner, ein mangelhaftes Zahlverhalten bezüglich Ihrer Miete an den Tag. Sie haben daher am 08.10 des Jahres einen Auszug aus der Mietennebenbuchhaltung über das Mietkonto von Frau Schreiner angefordert.

4.1 (1 Punkt)

Überprüfen Sie ob die Voraussetzungen für eine Zahlungsverzugskündigung gegeben sind und nennen Sie den Monat, in welchem der Kündigungsgrund erstmalig entstanden ist.

Auszug Mietkonto – Carla Schreiner				
Monat	**Mietsoll**	**Zahlungseingang**	**Zahlungsbetrag**	**Saldo**
Juni	530,00€	04.06 d. J.	130,00€	
Juli	530,00€	13.07 d. J.	140,00€	
August	530,00€	28.08 d. J.	260,00€	
September	530,00€	09.09 d.J.	0,00€	
Oktober	530,00€	---	---	
Antwort:				

4.2 (12 Punkte)

Sie haben sich nun dazu entschieden, das Verhalten Ihrer Mieterin nicht länger zu dulden. Formulieren Sie auf dem Briefbogen auf der nächsten Seite eine Zahlungsverzugskündigung mit allen wesentlichen Bestandteilen. Achten Sie bei der Ausformulierung auf die betrieblichen Gepflogenheiten und berücksichtigen Sie zusätzlich die folgenden Aspekte:

> Aussprechen einer ersatzweisen ordentlichen Kündigung
> Das Mietverhältnis mit Frau Schreiner besteht bereits seit 6 Jahren

Bielefelder Heimstätten GmbH

Bielefelder Heimstätten GmbH – Rohrteichstraße 13 – 33602 Bielefeld

Frau Carla Schreiner
Niederwall 51
33602 Bielefeld

Bielefelder Heimstätten GmbH
Rohrteichstraße 13
33602 Bielefeld
Tel.: 0521 – 12340
Fax: 0521 – 12341
bielefeld@heimstätten-gmbh.de
www.bielefeld-heimstätten-gmbh.de

Bielefeld, der 08. Oktober des Jahres

Kündigung
Ihr Mietverhältnis: Niederwall 51, 2. OG rechts, Mietvertragsnummer 4001-643-07

Sehr geehrte Frau Schreiner,

_____
_____
_____
_____
_____
_____
_____
_____
_____
_____
_____
_____
_____
_____
_____
_____
_____
_____
_____
_____
_____
_____
_____
_____
_____
_____
_____
_____
_____
_____

Bielefelder Heimstätten GmbH – Rohrteichstraße 13 – 33602 Bielefeld

Korrekturrand

_____

_____

_____

_____

_____

_____

_____

_____

_____

_____

_____

_____

_____

_____

_____

_____

_____

_____

_____

_____

_____

_____

_____

_____

_____

_____

_____

_____

_____

_____

_____

_____

_____

_____

_____

_____

_____

_____

_____

_____

Mit freundlichen Grüßen

Bielefelder Heimstätten GmbH

_____

Bielefelder Heimstätten Gmbh, Registergericht Bielefeld HRB 254377, Geschäftsführer: Dr. jur. Jochen Käschner
Bankverbindung: Sparkasse Bielefeld, IBAN DE89 3704 0044 0532 0130 00, BIC SPBIDE3BXXX
USt-ID-Nr.: 333444555

4.3 (5 Punkte)

Nachdem Frau Schreiner das Kündigungsschreiben erhalten hat, bittet sie um ein persönliches Beratungsgespräch mit Ihnen.

4.3.1 (2 Punkte)

Erläutern Sie der Mieterin eine Möglichkeit, wie sie die fristlose Kündigung wieder heilen kann und wie viel Zeit sie dazu hat.

_____

_____

_____

_____

_____

_____

4.3.2 (2 Punkte)

Frau Schreiner gibt an, dass sie, in ihrer aktuellen Lebenssituation, sehr wahrscheinlich keine Wohnung zu zumutbaren Bedingungen in absehbarer Zeit finden würde. Die Kündigung würde daher, aus ihrer Sicht, eine besondere Härte für sie darstellen, sodass sie hiermit ihren Widerspruch gegen die Kündigung erklärt. Führen Sie die Rechtsfolgen des im Beratungsgespräch erklärten Widerspruchs auf.

_____

_____

4.3.3 (1 Punkt)

Geben Sie an, bis wann das Mietverhältnis fortbestehen würde, wenn der Widerspruch durch Ihre Mieterin wirksam erfolgt, der Härtegrund als zulässig erachtet wird und die fristlose Kündigung geheilt wurde.

_____

_____

4.4 (3 Punkte)

Leider hat Frau Schreiner die im Beratungsgespräch angekündigten Taten nicht in die Wirklichkeit umgesetzt und keinerlei Schulden beglichen. Hinzu kommt, dass Frau Schreiner nun auch jeglichen Kontakt abblockt und trotz Ablauf der Ziehfrist die Wohnung nicht räumt. Sie wollen die Mieterin deshalb schnellstmöglich vor die Tür setzen.

4.4.1 (1 Punkt)

Die Rechtsabteilung der Bielefelder Heimstätten GmbH schätzt die Chance, dass Frau Schreiner ihr Widerspruchsrecht wirksam geltend machen kann als sehr gering ein und sieht somit die Voraussetzungen für eine Räumungsklage gegeben. Geben Sie an, an wen und welches Gericht die Klageschrift zu adressieren ist!

_____

_____

4.4.2 (1 Punkt)

Nennen Sie die eintretende Rechtsfolge, wenn die Mieterin innerhalb der Klageerwiderungsfrist nicht antworten sollte.

_____

_____

4.4.3 (1 Punkt)

Das Gericht könnte der Mieterin eine Räumungsfrist im Rahmen der Klage zugestehen. Geben Sie an welche Dauer diese Frist grundsätzlich nicht übersteigen darf.

_____

_____

4.5 (3 Punkte)

Ihre Räumungsklage gegen Frau Schreiner hatte nach einiger Zeit Erfolg und Sie konnten einen Räumungstitel erstreiten. Nun wollen Sie die Zwangsräumung durchführen. Erläutern Sie welche beamtete Person das Gerichtsurteil vollstreckt, welches Grundprinzip im Räumungstermin verfolgt wird und nennen Sie die Vorlauffrist, in welcher die Räumung der Mieterin angekündigt werden muss.

_____

_____

_____

_____

_____

_____

Immobilienbewirtschaftung

5. Aufgabe – (16 Punkte, ca. 30 Minuten Bearbeitungszeit)

Situation

Sie betreuen und verwalten das Zinshaus in der Altstadt, Alter Markt 10, welches im Alleineigentum von dem Großindustriellen Herrn Wieser ist. Da Herr Wieser nun schon etwas älter ist und seine Erbfolge steuerlich clever gestalten möchte, plant er sein Zinshaus in einzelne Eigentumswohnungen zu zerlegen und an seine Kinder zu verkaufen, sodass diese wiederum ein großes steuerliches Abschreibungsvolumen generieren können. Sie sollen Herrn Wieser bei seinem Vorhaben begleiten und beraten.

5.1 (6 Punkte)

5.1.1 (1 Punkt)
Nennen Sie die Begründungsmöglichkeit von Wohnungseigentum, die Sie Herrn Wieser korrekter Weise vorschlagen würden.

_____

_____

5.1.2 (3 Punkte)
Führen Sie 3 Unterlagen auf, die Sie für die Begründung benötigen werden.

_____

_____

5.1.3 (2 Punkte)
Erklären Sie was mit dem Grundstücksgrundbuch bei der Begründung passiert und mit welchem Ereignis die Eigentümergemeinschaft offiziell entsteht.

_____

_____

5.2 (4 Punkte)
Im Rahmen der WEG-Begründung entstehen neue Eigentumsformen. Erklären Sie kurz die folgenden Begrifflichkeiten in eigenen leicht verständlichen Worten:

Sondereigentum: _____

Gemeinschaftseigentum: _____

Wohnungseigentum: _____

Teileigentum: _____

5.3 (3 Punkte)

Auf dem zu teilenden Grundstück gibt es auch 5 Stellplätze, welche vorzugsweise mit den jeweiligen Wohnungen verbunden werden sollen.

5.3.1 (2 Punkte)

Erläutern Sie 2 Möglichkeiten, wie dies entsprechend gestaltet werden kann.

_____

_____

_____

_____

_____

_____

5.3.2 (1 Punkt)

Herr Wieser möchte die Stellplätze zu Teileigentum erklären und benötigt nun eine Abgeschlossenheitsbescheinigung. Nennen Sie die Voraussetzung, die die Stellplätze dafür erfüllen müssen.

_____

_____

5.4 (2 Punkte)

Geben Sie 4 Unterlagen an, die Sie für die Erstellung eines Aufteilungsplans benötigen.

_____

_____

5.5 (1 Punkt)

Sie haben Herrn Wieser ein gutes Angebot für die WEG-Verwaltung des Objekts unterbreitet, mit welchem er sich einverstanden zeigt. Daher soll die Bielefelder Heimstätten GmbH als Erstverwalter in der Gemeinschaftsordnung bestellt werden. Geben Sie an wie lang der Bestellungszeitraum maximal sein darf.

_____

_____

Erwerb, Veräußerung und Vermittlung von Immobilien

6. Aufgabe – (10 Punkte, ca. 20 Minuten Bearbeitungszeit)

Situation

Die Makler- und Vertriebsabteilung benötigt Ihre Unterstützung, da derzeit einige Neuobjekte aufbereitet und vermarktet werden müssen. Sie übernehmen daher das Objekt: „Einfamilienhaus, Elisenstraße 89, 33647 Bielefeld-Senne", für welches bisher nur der Praktikant zuständig war.

6.1 (4 Punkte)

Der Praktikant wurde angewiesen ein Zeitungsinserat für das Objekt zu erstellen. Überprüfen Sie die folgende Anzeige auf 4 rechtliche Fehler und führen Sie diese mit einer kurzen Begründung auf.

Freistehendes Einfamilienhaus in Bi-Senne!
Bj. 1993, 133m² WFL, 918m² Grundstück
6 ZKB + Gäste-WC, Unterkellert, Sauna
KP 389.900€, 3% Käuferprovision
E-Ausweis ist beantragt
Gerne übersenden wir auf Anfrage ein kostenloses Exposé.
Kontakt: Bielefelder Heimstätten GmbH
Tel.: 0521 – 12340, bielefeld@heimstätten-gmbh.de

6.2 (2 Punkte)

Sie haben für das Objekt einen kaufwilligen Interessenten gefunden, welcher vom Verkäufer den Zuschlag erteilt bekommen hat. Nun soll ein Notartermin vereinbart werden. Erklären Sie die Bedeutung der notariellen Beurkundung für die Wirksamkeit des Grundstückskaufvertrags.

_____

_____

_____

_____

6.3 (1 Punkt)

Erläutern Sie die Bedeutung der folgenden Klausel aus dem Kaufvertragsentwurf.

> **Kaufvertragsentwurf**
> [...]
> § 6 Auflassung
> Die Vertragsparteien erklären Einigkeit darüber, dass das Eigentum an dem in §1 dieser Niederschrift näher bezeichneten Grundstücks auf die Kaufpartei übergeht.
> [...]

_____

_____

_____

_____

6.4 (3 Punkte)

Grenzen Sie die Auflassungsvormerkung von der Auflassung anhand von 3 Aspekten ab.

_____

_____

_____

_____

_____

Erwerb, Veräußerung und Vermittlung von Immobilien

7. Aufgabe – (12 Punkte, ca. 25 Minuten Bearbeitungszeit)

Situation
Die Bielefelder Heimstätten GmbH hat vor, ein Erbbaurecht an einem Grundstück zu vergeben. Sie sollen bei diesem Vorhaben behilflich sein.

7.1 (2 Punkte)

Beschreiben Sie was man unter einem Erbbaurecht versteht.

_____

_____

_____

7.2 (2 Punkte)

Ein Erbbaurecht entsteht, wenn das Erbbaugrundbuch angelegt wurde. Geben Sie an in welches Grundbuch und zu welchem Rang das Erbbaurecht eingetragen werden muss.

_____

_____

7.3 (1 Punkt)

Erläutern Sie warum das Erbbaurecht immer an dieser besonderen Rangstellung im Grundbuch eingetragen werden muss.

_____

_____

_____

_____

7.4 (2 Punkte)

Erklären Sie wie man den _salarium (Erbbauzins)_ dinglich absichern kann.

_____

_____

_____

_____

7.5 (1 Punkt)

Geben Sie an, welche Frist zur Erhöhung des Erbbauzinses eingehalten werden muss.

_____

_____

7.6 (2 Punkte)

Skizzieren Sie den Unterschied zwischen Heimfall und Zeitablauf des Erbbaurechts hinsichtlich des Fortbestehens des Erbbaurechts.

_____

_____

_____

_____

7.7 (2 Punkte)

Erläutern Sie wie der _dominus soli (Erbbaurechtsgeber)_ die Pflicht zur Entschädigung des _superficiarius (Erbbauberechtigter)_ für die Übernahme des Bauwerks bei Zeitablauf des EBRs abwenden kann.

_____

_____

_____

_____

Begleitung von Bauvorhaben

8. Aufgabe – (19 Punkte, ca. 30 Minuten Bearbeitungszeit)

Situation

Die Bielefelder Heimstätten GmbH plant die Errichtung einer Stadtvilla im Jugendstil auf einem unbebauten Grundstück am Stadtrand von Bielefeld-Schildesche. Sie sind Teil des Projektteams, welches sich um die Vorbereitung und Durchführung dieser Baumaßnahme kümmert.

8.1 (6 Punkte)

Dem Bebauungsplan entnehmen Sie die folgenden Festsetzungen. Erklären Sie die einzelnen Angaben!

WR _____

III-IV _____

0,3 _____

(0,6) _____

SD, WD _____

o _____

8.2 (2 Punkte)

Prüfen Sie anhand der folgenden Kennzahlen rechnerisch nachvollziehbar, ob das geplante Bauvorhaben den obigen Festsetzungen des Bebauungsplans entspricht und somit realisierbar ist.

Insgesamt geplante Wohnfläche:	240m²
Geschosse:	3
m² Geschossfläche je m² Wohnfläche:	1 zu 0,75
Grundstücksgröße:	600m²

8.3 (3 Punkte)

Für die weiteren Planungsarbeiten ist das Architekturbüro „Astralformen OHG" beauftragt worden.

8.3.1 (1 Punkt)

Der Bauantrag soll bei der Bauaufsichtsbehörde eingereicht werden. Geben Sie an, wer diesen unterschreiben muss.

_____

_____

8.3.2 (2 Punkte)

Führen Sie 4 beispielhafte Unterlagen auf, die dem Bauantrag typischer Weise beigefügt werden.

_____

_____

_____

_____

8.4 (2 Punkte)

Zur Vergabe der Bauaufträge sollen die Bauleistungen öffentlich ausgeschrieben werden. Nennen Sie 2 Vorteile, die diese Vergabeart für die Bielefelder Heimstätten GmbH haben kann.

_____

_____

_____

_____

8.5 (2 Punkte)

Mit den Bauunternehmen soll ein Bauvertrag geschlossen werden.

8.5.1 (1 Punkt)

Geben Sie an, um welche Vertragsart es sich bei einem Bauvertrag handelt.

_____

_____

8.5.2 (1 Punkt)

Erklären Sie welche Rolle die Einbeziehung der VOB dabei einnimmt.

_____

_____

_____

8.6 (1 Punkt)

Führen Sie eine Möglichkeit auf, wie die Bielefelder Heimstätten GmbH sich während der Bauphase vor unvorhergesehenen Schäden und Zerstörungen am Bauwerk und am Baumaterial versichern kann.

_____

_____

8.7 (3 Punkte)

Führen Sie 3 Rechtsfolgen auf, die sich aus der Bauabnahme ergeben.

_____

_____

_____

– ENDE DER PRÜFUNG –
Wie hat Ihnen die Prüfung zur Vorbereitung gefallen?
Hinterlassen Sie gerne eine Bewertung.

Die **Lösungen** finden sich auf den Seiten: 38-43

IKOnline
www.ikonline.de

Lösungen zur Sommerprüfung
für Immobilienkaufmann & Immobilienkauffrau

Lösungen	Punkte
Denken Sie daran, auch ½ Punkte zu vergeben!	
1. Aufgabe (7 Punkte)	
1.1	2
Die Berufsausbildung wird als „dual" bezeichnet, da sie an zwei Lernorten stattfindet, in der Berufsschule und in dem Ausbildungsbetrieb. Der schulische Teil befasst sich grundsätzlich mit der Theorie und der betriebliche Teil mit der Berufspraxis.	
1.2	4
Die Ausbildungsverordnung regelt sämtliche Ausbildungsinhalte und das Profil des Ausbildungsberufes auf Bundesebene. Der Rahmenlehrplan regelt die schulisch zu vermittelnden Ausbildungsinhalte auf Länderebene.	
1.3	1
Das Berichtsheft dient als schriftlicher Ausbildungsnachweis.	
Summe der 1. Aufgabe	**7**
2. Aufgabe (7 Punkte)	
Hinweis: Aus den etwas umfangreicheren Antworten bitte den <u>Kerngehalt</u> mit den eigenen Antworten vergleichen.	
2.1	3
Ein „Markt" (bzw. Marktplatz) ist keine unnatürliche Erfindung, sondern entsteht immer dann, wenn Menschen aufeinander treffen, die noch nicht wunschlos glücklich sind. Auf dem Markt finden sich daher immer Anbieter von Waren, Dienstleistungen und Rechten, sowie Leute, die diese Angebote nachfragen. In Kurzform: <u>Der Markt führt Angebot und Nachfrage zusammen</u>. Man spricht von einem „Mechanismus zur Koordination der Güterverteilung". Drei Aspekte kennzeichnen dabei den Markt: <u>(1)</u> Eine Vielzahl von tauschenden Akteuren trifft aufeinander, <u>(2)</u> die miteinander im Wettbewerb stehen und <u>(3)</u> über Preise koordiniert werden.	
2.2	2
Die wichtigste Signalfunktion von Preisen auf Märkten ist ihre <u>Funktion als „Knappheitsindikator"</u> (Anzeichen für Knappheit). Wenn bspw. das Ressourcenvorkommen von Eisen zur Neige geht und der Eisenpreis in Folge steigt, so dient der erhöhte Preis den Metall verarbeitenden Unternehmen als Anreiz und als Orientierungshilfe dafür, in der Produktion mit dem Metall sparsamer und effizienter umzugehen, damit die Produktion nicht gänzlich zum Erliegen kommt. Gleichzeitig werden durch die höheren Preise neue Möglichkeiten eröffnet, die sich vorher (bei niedrigeren Preisen) nicht gerechnet hätten, z.B. Recycling oder die Erschließung von neuen Rohstoffvorkommen. Dies führt dazu, dass wieder mehr Eisen auf den Markt kommt und die Preise wieder sinken. Dieser gesamte Koordinationsaufwand durch die Preise verläuft gewissermaßen stillschweigend ab, lediglich durch die Signalwirkung des Preises.	
2.3	2
Eine Alternative zum freiwilligen Tausch, also eine Alternative zum Mechanismus „Markt", besteht in der <u>Zuteilung von Gütern durch eine Autorität</u>. Wenn es sich dabei um eine echte Autorität handelt, die das Vertrauen ihrer Mitmenschen hat, folgen ihr die Menschen freiwillig. Dies könnte z.B. ein weiser Guru einer kleinen Sippschaft sein, der tatsächlich besser weiß wie die Güter aufzuteilen sind. Für eine große anonyme Gesellschaft voller sich fremder Menschen ist so ein Fall aber eher schwer vorstellbar (bis unmöglich). Auf dieser Ebene ist das Mittel der Zuteilung daher meistens <u>Zwang</u> (i.d.R. gedeckt durch das staatliche Gewaltmonopol): Jemand nimmt von und gibt an andere nach seinem Gutdünken.	
Summe der 2. Aufgabe	**7**

Lösungen	Punkte
3. Aufgabe (12 Punkte)	
3.1 Spätestens zum 06.06 des Jahres in Textform.	1
3.2 Wohnung 2 = 60 / 355 x 1.000 = 169 MEAs Wohnung 4 = 55 / 355 x 1.000 = 155 MEAs	2
3.3 Die Eigentümerversammlung ist in jedem Fall beschlussfähig im Sinne des neuen WEG-Rechts trotz der Altregelung in der Gemeinschaftsordnung, da diese lediglich auf den damaligen Gesetzestext verweist und somit kein besonderer Wille der Eigentümer zur Festhaltung an dieser Altregelung zu erkennen ist.	2
3.4 Die Stimme zählt in Höhe der auf den jeweiligen Eigentümer vereinten Miteigentumsanteile.	1
3.5 *Hinweis:* Bei der Stimmenauswertung auf das Wertprinzip achten! TOP 3: Erforderliche Mehrheit = Einfache Mehrheit (Mehr Ja als Nein). Beschluss wirksam zustande gekommen und mehrheitlich abgelehnt (535 Nein / 465 Ja). *Erläuterung zur Wirksamkeit:* Herr Popper hat bei dieser baulichen Veränderung zwar einen Anspruch auf Zustimmung durch die anderen Eigentümer, dennoch ändert dieser Anspruch zunächst nichts an der Wirksamkeit des Negativbeschlusses. Der Anspruch müsste zur Not vor Gericht geltend gemacht werden. TOP 4: Erforderliche Mehrheit = Qualifizierte Mehrheit (2/3 mehr ja als nein und 1/2 aller MEAs). Beschluss wirksam zustande gekommen und angenommen (704 Ja und MEAs / 296 Nein).	4
3.6 Zuständiges Amtsgericht im Bezirk der Eigentumsanlage. Anfechtung binnen eines Monats nach Beschlussfassung.	2
Summe der 3. Aufgabe	**12**

Lösungen	Punkte

4. Aufgabe (18 Punkte)

Hinweis: Es ist ein Punkt abzuziehen, sofern die Schreibweise des Briefes nicht den betrieblichen Gepflogenheiten und den Anforderungen an die Beherrschung der deutschen Sprache entsprechen sollte!

4.1

8

Bielefelder Heimstätten GmbH

<u>**Bielefelder Heimstätten GmbH** – Rohrteichstraße 13 – 33602 Bielefeld</u>

Herr Hubertus Magnus von Nepomuck
August-Bebel-Straße 162
33602 Bielefeld

Bielefelder Heimstätten GmbH
Rohrteichstraße 13
33602 Bielefeld
Tel.: 0521 – 12340
Fax: 0521 – 12341
bielefeld@heimstätten-gmbh.de
www.bielefeld-heimstätten-gmbh.de

Bielefeld, der 14. Juni des Jahres

Abmahnung aufgrund von Ruhestörung
Ihr Mietverhältnis: August-Bebel-Straße 162, 1. OG rechts, Mietvertragsnummer 4001-305-05

Sehr geehrter Herr von Nepomuck,

wir haben mehrfach Beschwerden aus Ihrer Hausgemeinschaft erhalten, dass Sie vom 12.06 von 22 Uhr auf den 13.06 des Jahres bis 06 Uhr morgens, eine laute und lärmende Feier in Ihrer Wohnung veranstaltet haben. Hierbei sei es zu erheblichen Störungen der Nachtruhe Ihrer Mitbewohner gekommen. Auch die Polizei sei um 01 Uhr morgens aufgrund dieser Störungen bei Ihnen gewesen, dennoch haben Sie, so die Beschwerdeführer, die laute Feier danach fortgesetzt. *[Sachverhaltsschilderung]*

2

Durch soeben geschildertes Verhalten haben Sie gegen Ihre mietvertraglichen Pflichten zur Einhaltung von Ruhe und zur Rücksichtnahme auf Ihre Nachbarn verstoßen. Auch die Hausordnung haben Sie damit verletzt. *[Rechtsverstoß]*

2

Wir sprechen Ihnen daher hiermit bezüglich Ihres nicht vertragsgemäßen Verhaltens eine schriftliche Abmahnung aus und fordern Sie mit sofortiger Wirkung dazu auf, sich zukünftig vertragsgemäß zu verhalten. *[Aufforderung und Frist]*

2

Sollten Sie dieser Aufforderung nicht nachkommen, werden wir von unserem Recht zur Kündigung Gebrauch machen. *[Hinweis auf Konsequenzen]*

2

Mit freundlichen Grüßen

–Der Prüfling–

Bielefelder Heimstätten GmbH

Bielefelder Heimstätten Gmbh, Registergericht Bielefeld HRB 254377, Geschäftsführer: Dr. jur. Jochen Käschner
Bankverbindung: Sparkasse Bielefeld, IBAN DE89 3704 0044 0532 0130 00, BIC SPBIDE3BXXX
USt-ID-Nr.: 333444555

Lösungen	Punkte
4.2 Aufgabe	**10**
Hinweis: Vergeben Sie bitte jeweils für die korrekte Bewertung und für die Begründung einen Punkt.	
4.2.1	2
Die Kleinreparatur-Klausel ist dennoch gültig, da auch Badewannen und Waschbecken Dinge im häufigen und unmittelbaren Zugriff des Mieters sind sowie in der Klausel aufgelistet wurden. Zudem sind die Kosten durch die Kostengrenzen für die Einzelreparatur und jährliche Gesamtbelastung für den Mieter begrenzt.	
4.2.2	2
Die Betriebskostenvereinbarung ist nicht zu unspezifisch, da ein einfacher Satz wie jener völlig ausreichend ist. Die Betriebskosten in § 2 der BetrKV müssen nicht einzeln aufgeführt werden bis auf die Kosten der sog. „sonstigen Betriebskosten".	
4.2.3	2
Die Frist zur Erstellung und Zusendung der Betriebskostenabrechnung nach dem letzten Betriebskostenabrechnungszeitraum beträgt 12 Monate und nicht 7 Monate. Die Frist für den Mieter zur Geltendmachung von Ansprüchen aus der Abrechnung beträgt auch 12 Monate nach Erhalt der Abrechnung.	
4.2.4	2
Dachrinnenreinigungen sind in der Abrechnung zulässig, sofern diese wiederkehrend sind, also regelmäßig durchgeführt werden. Einmalige Reinigungen dürfen nicht abgerechnet werden. Außerdem muss diese Betriebskostenart gesondert unter den sonstigen Betriebskosten im Mietvertrag aufgeführt worden sein.	
4.2.5	2
Gemäß der neuesten Rechtsprechung des BGH ist für die Ermittlung der Betriebskosten die tatsächliche Wohnfläche und nicht die vertraglich vereinbarte maßgeblich. Demnach müsste die Abrechnung des Herrn Nepomuck korrigiert werden, sofern die von ihm vorgebrachten Ergebnisse seiner eigens durchgeführten Wohnflächenberechnung stimmen. Dies ist zu prüfen.	
Summe der 4. Aufgabe	**18**
5. Aufgabe (13 Punkte)	
5.1	**4**
5.1.1	2
Die Miete wird prozentual an die Höhe des Umsatzes des Gewerbemieters gekoppelt. Steigt der Umsatz, so steigt auch die Miete. Sinkt der Umsatz, sinkt auch die Miete. Daher sollte der Vermieter nach unten hin eine Mindestmiete festlegen.	
5.1.2	1
Der Mietvertrag würde als auf unbefristete Zeit abgeschlossen gelten.	
5.1.3	1
Dies kann mit einer Optionsklausel vereinbart werden (nicht: Verlängerungsklausel).	
5.2	**4**
Fehler 1	
„trägt sämtliche Erhaltungsmaßnahmen"	0,5
Zwar wird der Umfang in dem darauffolgenden Nebensatz eingeschränkt, dennoch beschränkt und konkretisiert diese Formulierung („sämtliche") die Erhaltungspflicht des Mieters nicht ausreichend.	0,5
Fehler 2	
„keine Beschränkung auf den durch Mietgebrauch verursachten Aufwand"	0,5
Dies würde bedeuten, dass der Mieter auch für Schäden durch Dritte aufkommen müsste und das ist unzulässig. Eine Beschränkung auf den durch Mietgebrauch verursachten Aufwand ist notwendig.	0,5

Lösungen	Punkte
Fehler 3	
„geschuldete Anfangs- und Endrenovierung in unbestimmtem Ausmaß"	0,5
Der Mieter wird hierdurch kostentechnisch unverhältnismäßig überlastet. Zudem ist der Umfang der Endrenovierung der Willkür des Vermieters ausgesetzt und es wird kein tatsächlicher Renovierungsbedarf berücksichtigt.	0,5
Fehler 4	
„regelmäßige Schönheitsreparaturen ohne Beachtung von konkretem Renovierungsbedarf"	0,5
Zwar werden in der Klausel keine starren Fristen zur Durchführung der Schönheitsreparaturen verwendet, dennoch wird nicht angesprochen, dass der konkrete Renovierungsbedarf maßgeblich ist. Das ist unzulässig.	0,5
5.3	**3**
Kündigung wirksam zum:	
31.03 des nächsten Jahres (nicht rechtzeitig zum 3. WT des 3. Q. gekündigt)	
Gesetzliche Kündigungsfrist:	
6 Monate (zu Beginn des Quartals mit Wirkung zum Ablauf des nächsten Quartals)	
Zeiteinheit:	
Quartale / Vierteljahre	
5.4	**2**
Nein, dies ist nicht möglich, da der Mieter (Zahnarzt) nicht der Umsatzsteuerpflicht unterliegt und somit auch nicht vorsteuerabzugsberechtigt ist. Eine Miete mit ausgewiesener Umsatzsteuer ist also nicht zulässig.	
Summe der 5. Aufgabe	**13**
6. Aufgabe (16 Punkte)	
6.1	**3**
1. Die Sterbeurkunde muss dem zuständigen Amtsgericht (Nachlassgericht) vorgelegt werden, damit dieses den Erbschein ausstellen kann.	
2. Der Erbschein muss dem Grundbuchamt vorgelegt werden, damit die Eigentumsumschreibung erfolgen kann.	
3. Das Grundbuchamt trägt dann die Erben mit Bezug auf den Erbschein als neue Eigentümer in das Grundbuch ein.	
6.2	**2**
Es handelt sich um Gesamthandseigentum, weshalb die Erben nur gemeinsam und einstimmig über das Grundstück verfügen können.	
6.3	**1**
Der Herrschvermerk klärt darüber auf, dass dem Eigentümer dieses Grundstücks ein Wegerecht am jeweiligen bezeichneten Nachbargrundstück zusteht.	
6.4	**2**
Die erste Eintragung ist eine beschränkt persönliche Dienstbarkeit in Form eines Wohnungsrechts zugunsten der voraussichtlich bereits verstorbenen Mutter von Herrn Schulze.	
Die zweite Eintragung ist eine Grunddienstbarkeit in Form eines Wegerechts, welches der Eigentümer dieses Grundstücks gegenüber dem Begünstigten dulden muss.	
6.5	**1**
Es handelt sich um ein subjektiv-persönliches Vorkaufsrecht, da es zugunsten einer natürlichen Person bestellt ist.	
6.6	**2**
Der Grundschuldzins erhöht das pfändbare Grundschuldkapital für den Fall einer Zwangsversteigerung. Die Zinsen verjähren allerdings regelmäßig im Abstand von 3 Jahren, beginnend mit dem Schluss des Jahres, in welchem sie fällig sind. Hierdurch wird verhindert, dass sich mittels Zinseszinseffekt eine riesige Haftsumme „anstaut".	

Lösungen	Punkte
6.7	**4**
1. Beschränkt persönliche Dienstbarkeit & Grundschuld (Gleichrangig)	
2. Grunddienstbarkeit	
3. Vorkaufsrecht	
6.8	**1**

Summe der 6. Aufgabe	16

7. Aufgabe (15 Punkte)

	Punkte
7.1	**6**
7.1.1	2
Das Exposé fungiert als rechtliche Einladung zur Abgabe eines Angebots seitens des Auftragge-	
bers zur Abschließung eines Maklervertrages ("invitatio ad offerendum" / Einladung zu einem	
Angebot).	
Im Weiteren fungiert es als Tätigkeitsnachweis für die zu erbringende Maklertätigkeit.	
7.1.2	1
Der Maklervertrag muss mindestens in Textform geschlossen werden. (Auf Doppelhaushälften	
finden die Regelungen für Wohnungen und Einfamilienhäuser auch Anwendung!)	
7.1.3	2
Die vorgeschlagene Änderung ist rechtlich nicht zulässig, da die mit dem Makler vereinbarte Pro-	
vision lediglich hälftig (50/50) oder als reine Verkäuferprovision (100/0) zu tragen ist. Alternativ	
können Verkäufer und Käufer unter sich vereinbaren (ganz unabhängig vom Makler und dem	
Maklervertrag), dass sie die Provision anderweitig aufteilen (z.B. 70/30). Damit hat der Makler	
aber in jedem Fall nichts mit zu tun.	
7.1.4	1
Er kann für Falschangaben haften, die er mit seinem Fachwissen hätte erkennen müssen.	
7.2	**6**
7.2.1	2
$1,5 + (3 \times 1,19) + 6,5 = 11,57\%$	
$314.900 \times 1,1157 = \underline{351.333,93€}$	

Lösungen	Punkte
7.2.2	2
Eine Möglichkeit zur Reduzierung der Grunderwerbsteuer besteht darin, die Bemessungsgrundlage zu verringern, indem man im Kaufpreis neben dem Immobilienwert auch einen Zubehörwert ausweist. Auf Zubehör wird nämlich keine GrESt erhoben. Zubehör können z.B. eine Küche oder ein Gartenhaus sein. So könnte man den Kaufpreis hier bspw. so aufteilen: Immobilie = 300.000€, Hochwertige Küche = 14.900€. Es würden dann nur auf die 300.000€ 6,5% GrESt anfallen.	
7.2.3	2
Es wird die Unbedenklichkeitsbescheinigung ausgestellt. Die GrESt muss vor der Eigentumsumschreibung gezahlt werden, da der Staat / das Finanzamt auf diese Weise ein Druckmittel ggü. dem Käufer zur Begleichung der Steuern hat.	
7.3	3
3 Unterlagen: 1. Auftrag / Vollmacht zur Bestellung eines Kaufvertragsentwurfs 2. Datenschutzrechtliche Einwilligung der Parteien in Kommunikation mit dem Notariat 3. Ausweisdokumente 4. Steuer-Identifikationsnummern 5. Kontoverbindung der Verkaufspartei	
Summe der 7. Aufgabe	**15**
8. Aufgabe (12 Punkte)	
8.1	3
Objektunterlagen, je 3: Bauzeichnungen Grundbuchauszug Lageplan Flächenberechnungen Exposé / Fotos *Antragsteller, je 3:* Gehaltsabrechnungen Arbeitsvertrag Schufa-Auskunft Eigenkapitalnachweis Verbindlichkeitsnachweis Ausweisdokumente	
8.2 *Kapitaldienst / Monat* 300.000 x 0,0255 / 12 = 637,50€ *Heiz- und Betriebskosten* 112 x 4,85 = 543,20€ *Gesamtausgaben* 637,50 + 543,20 = 1.180,70€ *Nettoeinkommen* 2.500 + 450 = 2.950€ *Baukindergeld / Monat* 24.000 / 10 / 12 = 200€ *Gesamteinnahmen* 2.950 + 200 = 3.150€ *Überschuss* 3.150 - 1.180,70 = 1.969,30€ → Familie Menger erfüllt somit das Kriterium.	4

	Lösungen					Punkte

Lösungen   **Punkte**

8.3   **5**

Q.	Kapital (€)	Zinsen (€)	Tilgung (€)	Annuität (€)	Restkapital (€)
1	300.000	750 *(1P.)*	1.500 *(1P.)*	2.250 *(1P.)*	298.500
2	298.500	746,25	1503,75	2.250	296.996,25
3	295.746,25 [ST] *(1P.)*	739,38	1.510,62	2.250	294.235,63
4	294.235,63	735,59	1.514,41	2.250	292.721,22 *(1P.)*

Summe der 8. Aufgabe		**12**

Lösungen zur Winterprüfung
für Immobilienkaufmann & Immobilienkauffrau

Lösungen	Punkte
Denken Sie daran, auch ½ Punkte zu vergeben! **1. Aufgabe (5 Punkte)** **1.1** *Objektbetreuung, z.B.:* ➤ Neuvermietung ➤ Instandhaltungsmanagement ➤ Mahnwesen *WEG-Verwaltung, z.B.:* ➤ Eigentümerversammlung vorbereiten & durchführen ➤ Wirtschaftsplan & Jahresabrechnung erstellen *Maklergeschäfte, z.B.:* ➤ Objektaufbereitung ➤ Besichtigungstermine ➤ Notartermine koordinieren *Bautätigkeit, z.B.:* ➤ Bauantrag formulieren und stellen ➤ Neubau ➤ Bauleitung	2
1.2 *2 Argumente, z.B.:* ➤ Familiäreres Betriebsklima ➤ Höhere Identifikation mit der Unternehmung ➤ Bessere Kommunikation ➤ Höhere Mitarbeiterzahlen führen nicht zwingend zu höherer Produktivität in Unternehmen, insbesondere nicht in Verwaltungsunternehmen ➤ Je mehr Produktionsmittel einer einzelnen Entscheidungsgewalt unterstellt sind, desto eher werden knappe Ressourcen verschwendet (z.B. „Zeit der Mitarbeiter in sinnlosen Meetings")	2
1.3 Auf lange Sicht vermutlich nicht. Lediglich auf Profit abzielen lässt es sich ohnehin nicht, da man sich nicht einfach „für den Profit" entscheiden kann. Ein Gewinn ist immer nur die Folge richtiger Entscheidungen, die sich an den Wünschen der Kunden, der Problemlösung oder der Verbesserung der Lebensbedingungen orientieren. Reine Gier und heimtückische Methoden hingegen sind der beste Weg, ein Unternehmen zu ruinieren, da dies nicht den Kunden dient und diese sich abwenden. Es droht sodann die Pleite.	1
Summe der 1. Aufgabe	5
2. Aufgabe (5 Punkte) **2.1** Die Marktanalyse ist die einmalige Untersuchung eines Marktes zu einem bestimmten Zeitpunkt („Zeitpunktbetrachtung"). Die Marktbeobachtung ist die fortlaufende Untersuchung eines Marktes („Intervallbetrachtung").	2
2.2 Sekundärforschung.	1
2.3 1. Z.B.: Barrierefreiheit und Arrangements zur besseren Beweglichkeit in der und zu der Wohnung sind für Senioren in dieser Studie die höchst bewerteten Kriterien, wohingegen geringere Mietkosten weniger wichtig sind. 2. Ein als angenehm empfundenen soziales Umfeld wird wichtiger gewertet als eine ruhige Wohnlage.	2
Summe der 2. Aufgabe	7

Lösungen	Punkte
3. Aufgabe (9 Punkte) **3.1** Das Übergabeprotokoll hält den Wohnungszustand bei Übergabe fest und dokumentiert vorhandene Mängel. Es dient der Beweissicherung für etwaige Mängelansprüche.	2
3.2 Das Eigentum an den Bodenbelägen geht auf den Nachmieter über. Der Vermieter erklärt sich mit der weiteren Nutzung der Bodenbeläge durch den Nachmieter einverstanden. Der Vermieter kann nicht für Erhaltungsmaßnahmen bezüglich der Bodenbeläge in Anspruch genommen werden. Übrige Regelungen über bspw. den Rückbau der Bodenbeläge bei Mietende können in der Übernahmeerklärung vereinbart werden.	3
3.3 730 – 100 – 45 = 585€ Kaltmiete 585 x 3 = <u>1.755€</u> Kautionsbetrag	1
3.4 Mit mindestens dem Zweifachen der Monatskaltmiete.	1
3.5 Eine Erlaubnis auf Untervermietung der gesamten Wohnung kann durch den Vermieter abgelehnt werden, für den Bruder besteht jedoch eine Erlaubnisbefreiung, für die Freundin des Bruders allerdings nicht. Das Untermietergesuch kann somit vom Vermieter abgelehnt werden.	2
Summe der 3. Aufgabe	**9**
4. Aufgabe (24 Punkte) **4.1** Antwort: Juli (In 2 Folgemonaten mit mindestens einer Monatsmiete und einem Cent in Verzug).	1
4.2 *Hinweis:* <u>Es ist ein Punkt abzuziehen</u>, sofern die Schreibweise des Briefes nicht den betrieblichen Gepflogenheiten und den Anforderungen an die Beherrschung der deutschen Sprache entsprechen sollte!	12

Bielefelder Heimstätten GmbH

Bielefelder Heimstätten GmbH – Rohrteichstraße 13 – 33602 Bielefeld

Frau Carla Schreiner
Niederwall 51
33602 Bielefeld

Bielefelder Heimstätten GmbH
Rohrteichstraße 13
33602 Bielefeld
Tel.: 0521 – 12340
Fax: 0521 – 12341
bielefeld@heimstätten-gmbh.de
www.bielefeld-heimstätten-gmbh.de

Bielefeld, der 08. Oktober des Jahres

Kündigung
Ihr Mietverhältnis: Niederwall 51, 2. OG rechts, Mietvertragsnummer 4001-643-07

Sehr geehrte Frau Schreiner,

...

→ nächste Seite

Lösungen	Punkte

...

wir kündigen Ihnen hiermit das Mietverhältnis über die von Ihnen genutzte Wohnung <u>fristlos</u>, da Sie sich in einem Zeitraum, der sich über mehr als zwei Termine erstreckt, mit der Entrichtung Ihrer Miete in Höhe eines Betrags in Verzug befinden, der die Miete für zwei Monate übersteigt. — *1*, *1*

Der gesamte Mietrückstand beträgt derzeit 2.120,00€ und setzt sich wie folgt zusammen:

Rückstand Miete Juni	400,00€
Rückstand Miete Juli	390,00€
Rückstand Miete August	270,00€
Rückstand Miete September	530,00€
Rückstand Miete Oktober	530,00€
Gesamtrückstand	**2.120,00€**

(Klammer über Juni–Oktober → 1)
(Gesamtrückstand → 1)

Wir ermahnen Sie hiermit erneut, den Mietrückstand umgehend bei uns zu begleichen! — *1*

Im Weiteren fordern wir Sie dazu auf, Ihrer Räumungsverpflichtung, die sich auf alle Bewohner der Mietsache erstreckt, rechtzeitig nachzukommen. Hierzu gewähren wir Ihnen eine Ziehfrist bis zum <u>22.Oktober</u> des Jahres. — *1*, *1*

Sollten Sie dennoch darüber hinaus die Mietsache weiternutzen, wird eine Nutzungsentschädigung in Höhe der aktuellen Miete und Nebenkosten fällig. — *1*

Einer stillschweigenden Verlängerung des Mietverhältnisses widersprechen wir hiermit ausdrücklich. — *1*

Da Ihr vertragswidriges Verhalten im Übrigen auch eine schuldhafte nicht unerhebliche Pflichtverletzung darstellt, kündigen wir Ihnen hiermit auch hilfsweise ordentlich zum <u>30. April des nächsten Jahres</u>. — *1*

Sie haben die Möglichkeit dieser ordentlichen Kündigung zu widersprechen, falls die vertragsgemäße Beendigung für Sie eine besondere Härte darstellen sollte. Der Widerspruch hat in Schriftform und begründet spätestens zum <u>28.02</u> des nächsten Jahres bei uns einzugehen. — *1*

Sollten wir am 22. Oktober feststellen, dass Sie unseren Forderungen nicht nachgekommen sind, werden wir weitere rechtliche Schritte einleiten und eine Räumungsklage beim zuständigen Amtsgericht einreichen. — *1*

Mit freundlichen Grüßen

–Der Prüfling–

Bielefelder Heimstätten GmbH

Bielefelder Heimstätten Gmbh, Registergericht Bielefeld HRB 254377, Geschäftsführer: Dr. jur. Jochen Käschner
Bankverbindung: Sparkasse Bielefeld, IBAN DE89 3704 0044 0532 0130 00, BIC SPBIDE3BXXX
USt-ID-Nr.: 333444555

4.3	**5**
4.3.1	2

Frau Schreiner kann innerhalb der sog. 2-Monatigen „Schonfrist", welche mit Zustellung der Räumungsklage beginnt, die Schulden vollständig begleichen. So wird die fristlose Kündigung wieder unwirksam.

Lösungen	Punkte
4.3.2 Der Widerspruch hat keine rechtlichen Folgen, da er nicht schriftlich sondern mündlich erklärt wurde.	2
4.3.3 Das Mietverhältnis müsste dann bis zum Wegfall des Härtegrundes fortbestehen.	1
4.4 **4.4.1** Die Klage ist an alle Mieter und Bewohner der Wohnung zu adressieren. Das zuständige Amtsgericht liegt im Bezirk der Mietwohnung.	**3** 1
4.4.2 Dann wird ein direktes Versäumnisurteil gefällt.	1
4.4.3 1 Jahr.	1
4.5 Die Zwangsräumung wird durch einen Gerichtsvollzieher vollstreckt. Im Räumungstermin wird der Mieter aus dem Besitz gesetzt und der Vermieter in den Besitz gesetzt. Die Räumung ist mit mindestens 3 Wochen Vorlauf anzukündigen.	**3**
Summe der 4. Aufgabe	**24**
5. Aufgabe (16 Punkte) **5.1** **5.1.1** Begründung durch Teilung („Teilungserklärung").	**6** 1
5.1.2 Teilungserklärung Antrag und Bewilligung der Grundbuchänderung Aufteilungsplan Abgeschlossenheitsbescheinigung Gemeinschaftsordnung	3
5.1.3 Das Grundstücksgrundbuch wird von Amts wegen geschlossen. Die Eigentümergemeinschaft entsteht mit der Anlage der Wohnungs- und Teileigentumsgrundbücher.	2
5.2 Sondereigentum: Dies sind die Wohnungen und anderen Nutzräume im Alleineigentum einer bestimmten Person. Gemeinschaftseigentum: Hierzu gehört „der Rest" des Eigentums neben dem Sondereigentum. Es gehört der Gemeinschaft. Wohnungseigentum: Dies sind die Eigentumswohnungen mit jeweils einem Miteigentumsanteil am GE. Teileigentum: Dies sind die Nutzräume und Flächen mit jeweils einem Miteigentumsanteil am GE.	**4**
5.3 **5.3.1** Die Stellplätze können einerseits zu Sondereigentum (Teileigentum) erklärt werden. Andererseits können Sie auch im Gemeinschaftseigentum bleiben und es wird an Ihnen ein Sondernutzungsrecht bestellt, welches wiederum mit einem Sondereigentum verbunden ist.	**3** 2
5.3.2 Die Stellplätze müssen im Aufteilungsplan durch Maßangaben bestimmbar sein.	1

Lösungen	Punkte
5.4 Grundrisse Ansichten Schnitte Lageplan	2
5.5 3 Jahre.	1
Summe der 5. Aufgabe	**16**
6. Aufgabe (10 Punkte) **6.1** *Fehler 1* Bei der Provision fehlt ein Hinweis auf die MwSt. Eine Bruttoprovision wird nicht aufgeführt. *Fehler 2* Der Satz „E-Ausweis beantragt" schützt nicht vor Abmahnungen. Die Energieangaben sind Pflicht und wurden hier alle nicht aufgeführt. *Fehler 3* Werbung mit einem kostenlosen Exposé. Dies ist eine Selbstverständlichkeit und daher unzulässig. *Fehler 4* Die Vermittlereigenschaft wird aus „Bielefelder Heimstätten GmbH" nicht ersichtlich. Diese muss ergänzt werden, z.B. „Makler: Bielefelder Heimstätten GmbH".	4
6.2 Die notarielle Beurkundung ist die gesetzlich vorgeschriebene Form. Wird sie nicht eingehalten, ist der Vertrag grundsätzlich unwirksam.	2
6.3 Mit der Auflassung wird die Eigentumsübertragung zwischen den Vertragsparteien vereinbart. Die dazu notwendige Grundbucheintragung bezieht sich dabei dann immer auf die Auflassung.	1
6.4 Die Auflassungsvormerkung ist lediglich eine Eintragung zur Sicherung des Anspruchs des Käufers auf Eigentumsübertragung. Sie wird zeitlich vor der Auflassung eingetragen und sperrt das Grundbuch, sodass der Verkäufer über das Grundstück nicht mehr frei verfügen kann und somit bspw. keinen Doppelverkauf mehr vornehmen kann.	3
Summe der 6. Aufgabe	**10**
7. Aufgabe (12 Punkte) **7.1** Das Erbbaurecht ist das vererbliche und veräußerliche Recht, ein Bauwerk auf oder unter der Erdoberfläche eines Grundstücks zu haben.	2
7.2 Das EBR ist in das Grundstücksgrundbuch in Abteilung II zu Rang 1 einzutragen.	2
7.3 Es wird immer an Rang 1 eingetragen, da es somit bei einer Zwangsversteigerung nicht mehr wegfallen kann. Dies dient der Rechtssicherheit des Erbbauberechtigten.	1
7.4 Der Erbbauzins kann in Abteilung II des Erbbaurechtsgrundbuchs als Reallast eingetragen werden.	2
7.5 3 Jahre.	1
7.6 Beim Heimfall besteht das EBR als Eigentümererbbaurecht fort. Beim Zeitablauf erlischt es.	2

Lösungen	Punkte
7.7	2
Die Bauwerksentschädigung beim Zeitablauf kann dadurch abgewendet werden, dass dem EBR-Nehmer die Verlängerung des Erbbaurechts um die voraussichtliche weitere Standdauer des Bauwerks angeboten wird. Lehnt der EBR-Nehmer das Angebot ab, erlischt auch sein Anspruch auf eine Entschädigung für das Bauwerk.	
Summe der 7. Aufgabe	**12**
8. Aufgabe (19 Punkte)	
8.1	6
WR: Reines Wohngebiet	
III-IV: 3 bis 4 Vollgeschosse	
0,3: Grundflächenzahl von 0,3	
(0,6) Geschossflächenzahl von 0,6	
SD, WD: Sattel- und Walmdach	
o: offene Bauweise	
8.2	2
600 x 0,6 = 360m²	
360 x 0,75 = 270m² (> 240m² → somit Bauvorhaben realisierbar)	
8.3	3
8.3.1	1
Der Bauherr und vorlageberechtigte Entwurfsverfasser (Architekt).	
8.3.2	2
Bauzeichnungen	
Flächenberechnungen	
Statikunterlagen	
Lageplan	
Nachweis über Brand-, Schall- und Wärmeschutz	
8.4	2
Höhere Anzahl an Angeboten	
Wettbewerbsfördernd	
Angebote von neuen Unternehmen	
8.5	2
8.5.1	1
Werkvertrag.	
8.5.2	1
Die Rolle von allgemeinen Geschäftsbedingungen (AGBs).	
8.6	1
Durch eine Bauleistungsversicherung.	
8.7	3
Die Gewährleistungsfrist beginnt.	
Die Vergütung wird fällig.	
Gefahren- und Beweislast gehen auf den Auftraggeber über.	
Summe der 8. Aufgabe	**19**

Die Lernplattform Für Immobilienkaufleute

Das Erwartet Dich!

Das prüfungsrelevante Wissen aus der Berufsausbildung an einem Ort. Aufbereitet in Lernkursen, Lernvideos, Zusammenfassungen, Übungsaufgaben, Klausuren & Musterprüfungen.

Es geht auch einfach!
Nimm' Dir Privatunterricht.

Flexibel
Jederzeit erreichbar, auch mobil

Strukturiert
Lehrplan nach IHK Vorgaben

Zeitsparend
Alles aufbereitet an einem Ort

Zielführend
Erfolgreiche Abschlussprüfung

Verständlich
Das prüfungsrelevante Wissen
aus 3 Fächern: IM, WiSo, SK

Bezahlbar
Monatlich kündbar